INDETERMINACIÓN
Y MINIMALISMO,
POP Y VANGUARDIAS

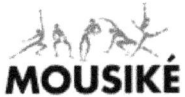

MOUSIKÉ

INDETERMINACIÓN Y MINIMALISMO, POP Y VANGUARDIAS

Estetización en la música de la segunda mitad del Siglo XX

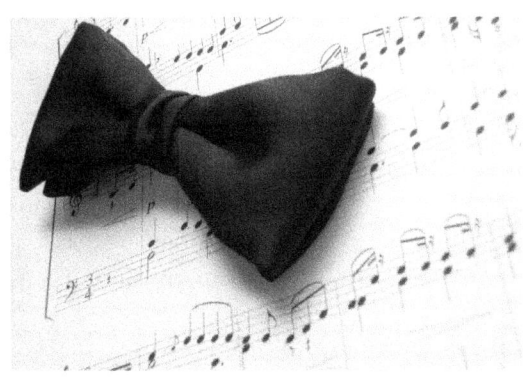

ALEJANDRO ROMÁN

Segunda edición, Abril 2016

© Editorial Lulu
www.lulu.com

© Mousiké
Edición y texto © Alejandro Román, 2008
Todos los derechos reservados
www.alejandroroman.com

Diseño de portada: Alejandro Román
Foto portada: © Iván Melenchón Serrano

ID: 2844817
ISBN: 978-1-4092-1586-8

A todos aquellos que no saben distinguir entre arte y esteticismo…

INDICE

1. Prólogo

En este trabajo se analizan las diversas tendencias artísticas y musicales que, a lo largo del siglo XX, y fundamentalmente en su segunda mitad, han dado lugar a procesos de *estetización*. Como introducción al tema se explica en qué consiste este fenómeno y cuáles son los inicios de este fenómeno cuyo origen se puede encontrar en la Ilustración. Tras fundamentar la influencia que tuvieron las primeras vanguardias (futurismo, dadaísmo, surrealismo) en los movimientos artísticos de postguerra, se presentan las tendencias que, tanto en América como en Europa, estuvieron impregnadas de elementos "estetizantes", tanto el *minimalismo*, como la música de John Cage, pasando por el pop o la vanguardia serial. La fórmula "Arte es vida y vida es arte" forma parte del pensamiento filosófico, artístico y político de grupos como Fluxus y Zaj, constituyendo del mismo modo una fuerte *estetización*. Por último se reflexiona acerca de los caminos que podrían tomar el arte y la música en el futuro. [1]

Palabras clave: "estetización", futurismo, dadaísmo, surrealismo, Erik Satie, indeterminación, John Cage, minimalismo, música repetitiva, Philip Glass, pop, punk, serialismo integral, Fluxus, Wolf Vostell, Juan Hidalgo, Zaj

---

[1] Trabajo realizado en la Universidad Nacional de Educación a Distancia

2. La "estetización" como fenómeno en la sociedad actual. Precedentes

El término *estetización* es cada vez más utilizado en muchos ámbitos del conocimiento, pero aún no existe un desarrollo académico de ello. El fenómeno al que alude es aquel donde el equilibrio entre experiencia artística y experiencia estética se ha diluido, se ha quebrado. En la *estetización* los componentes estéticos en los productos artísticos son hegemónicos con respecto a los demás componentes, por lo que esta hegemonía integral de lo estético, al ser excesiva, hace que un producto se estetice. La *estetización* se produce cuando el componente estético se convierte en absoluto y los valores estéticos ocultan o disfrazan otros valores, los valores artísticos, dando lugar a una "desartisticidad", y abandonando así el concepto de capacidad artística ("técnica") a través de la incorporación de elementos que se encuentran "fuera" del arte (ruidos en música o imágenes de archivo en las artes plásticas, por ejemplo). La *estetización*, por tanto, implica "desartización", lo cual constituye una aminoración de lo que se denomina "arte" (habilidad artística, técnica, etc...). El mundo del arte se cierra sobre sí mismo, y, sin embargo, el arte de masas cada vez se expande más, por lo que los artistas actuales ya no son los de las vanguardias ya que la *estetización* se produce en este "extrarradio" del arte. Si los aspectos estéticos priman sobre el aspecto práctico o funcional, la función se pierde, exagerando el aspecto estético y borrando otros aspectos o funciones.

En nuestra actual sociedad "de consumo" las empresas de carácter comercial buscan la venta a través de la elaboración de productos ampliamente estetizados y de mecanismos publicitarios en los que se conjuga el *minimalismo* con presentaciones del apropiacionismo "pop". Síntomas de esta *estetización* se pueden encontrar en ciertas tiendas donde los productos se presentan como "obras de arte" y se da, por tanto, una *estetización* a través de una escenificación de la mercancía: el arte reniega de ser arte y la mercancía se apropia del arte. La realidad actual está completamente "estetizada", por lo que si todo es estético, el arte ya no es posible, el arte se diluye muchísimo y el hombre deja de necesitarlo porque está por todas partes: a este proceso es al que denominamos "desartización".

Ya a comienzos del siglo XIX, Hegel habla en su *"Estética"* (1831) de la progresiva muerte del arte y de su lento acercamiento hacia la filosofía. En este fenómeno, que no es reciente, se pueden distinguir tres etapas, tres fases históricas, en las cuales se plantea un conflicto entre experiencia estética y experiencia artística, el absolutismo estético, el esteticismo de finales del siglo XIX y las vanguardias del Siglo XX:

a) El absolutismo estético

El romanticismo de principios del siglo XIX. Schelling, Novalis y Schlegel: "La filosofía ha de ser estética", "El arte es el fundamento del filósofo" ("Idealismo Trascendental"). Lo estético se convierte en absoluto, lo estético es lo único y verdadero, y construye el mundo: la política, la cultura, la vida.

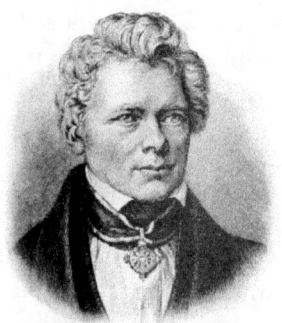

Friedrich Wilhem Joseph von Schelling (1775-1854)

b) El esteticismo de finales del siglo XIX

"El nacimiento de la tragedia" de Friedrich Nietzsche[2] : lo artístico se desborda para convertirse en vital, para formar parte de la vida. Sólo desde el punto de vista de la estética puede ser comprendido el mundo. Para Nietzsche, como para Schopenhauer, la música no es un arte entre las artes, es una "categoría del espíritu".

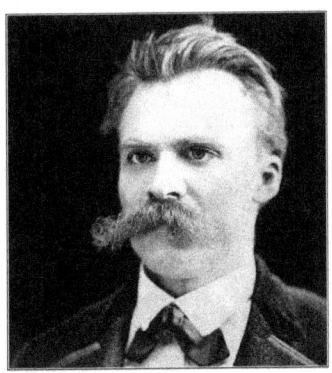

Friedrich Nietzsche (1844-1900)

c) Las vanguardias del siglo XX

Las vanguardias quieren renegar del arte, pero, al tiempo quieren llevar la iniciativa de la realidad. Trasladan la experiencia artística a la cotidianidad. La actual *estetización* sería la realización de las "vanguardias clásicas". El artista se convierte en un espectador (según el concepto de Marcel Duchamp). Por tanto, a mayor *estetización*, mayor "desartización", es decir, menor componente artístico, ya que es suplantado por el contenido estético.

---

[2] NIETZSCHE, Friedrich. *El nacimiento de la tragedia.* Madrid. Alianza (1979)

En la actualidad las vanguardias han conseguido lo contrario de lo que pretendían, diluyendo las fronteras entre arte y no arte: cada vez es más difícil distinguir lo real de lo virtual. Se dan "estetizaciones" de la ética y la política, de la mercancía, de la moda, de las formas de vida, todo está "estetizado".

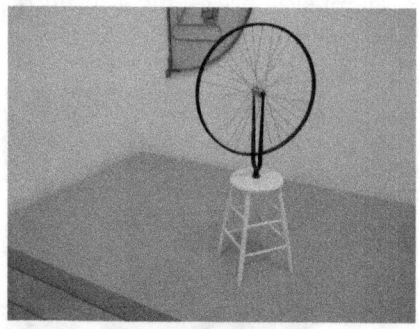

Marcel Duchamp. "Rueda de bicicleta" (1913)

La "indiferencia" nos puede llevar a un mundo completamente plano, debido a la *estetización*. Para Ortega y Gasset a principios del siglo XX ya se ha producido la "deshumanización del arte". En *"El espectador"* (en 1921), en su artículo *"Apatía artística"* , observa la falta de satisfacción que encuentra todo oyente tras un concierto de música debido al alejamiento que se produce con respecto a lo personal, lo vital y cotidiano. Por otro lado, en *"Musicalia"* se queja de la falta de acercamiento de la música moderna a los aspectos más puramente humanos. Estos pensamientos son reflejados más extensamente en *"La deshumanización del arte"* (1925), donde recoge las ideas de Schlegel acerca de la ironía como máxima categoría estética.

Como podemos observar, este fenómeno no es nuevo, aunque es en el siglo XX donde se ha desarrollado más. En el siglo XVIII la Filosofía se percata de las reflexiones estéticas y empieza a catalogar los períodos históricos de la Estética. Las dos influencias estéticas de mayor repercusión fueron:

1) La *"Crítica del juicio"* (1790), de Immanuel Kant

2) Las *"Cartas sobre la educación estética del hombre"* (1795), de Friedrich Schiller

La *estética* es la técnica del conocimiento sensible o inteligible. Entre la "gnoseología inferior" (facultades inferiores) y la "gnoseología superior", la estética se confronta con la lógica, por lo cual la estética, en Kant, tiene dos acepciones:

a) La acepción estética en la *"Crítica de la razón pura"* (1781)→ La "primera crítica" es la ciencia de la "sensibilidad" en general. *Aesthetica : Sensibilidad general*

b) La acepción estética en la *"Crítica del juicio"* (1790)→ La "tercera crítica" es la crítica del "gusto", de la sensibilidad particular. *Estética : Sensibilidad específica*

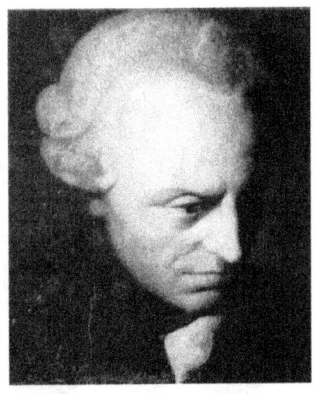

Immanuel Kant (1724-1804)

Según Kant el "arte estético" es la concepción del "arte autónomo". Todo aquello que excede el lenguaje ordinario es artístico o tiene sentido estético: por ejemplo, un templo griego no sólo es funcional, tiene también un sentido estético. La "sensibilidad", en términos kantianos, es la receptividad que nuestro psiquismo posee, siempre que sea afectado de alguna manera. Toda "percepción" es construcción cognoscitiva de la "sensación". Pero hay quien confunde la "sensibilidad general" (todo lo que es percibido es considerado estético) de la "primera crítica", cuando afirma que es la verdadera, aplicándolo a todo, con lo cual se produce una *estetización*, cuando la "sensibilidad particular" es la única que se puede considerar como estética. Actualmente se está perdiendo esta última "sensibilidad específica", por lo que todo se convierte en lo mismo, todo es sensibilidad, cuando realmente existen distintos modos de percepción.

Para Kant existe la "belleza pura" y la "belleza adherente", por lo que el mundo del arte no es unívoco: hay "artes puras" (o autónomas) y "artes aplicadas", cuya belleza es "adherente". Pero el arte, actualmente, tiene que competir con medios que anteriormente no eran artísticos, sino utilitarios, los cuales han vencido a los medios artísticos.

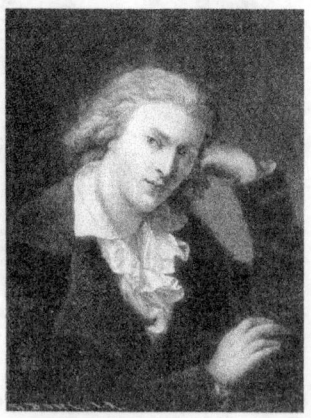

Friedrich Schiller (1759-1805)

Friedrich Schiller emplea por vez primera el término "arte de la vida", aunque es un concepto que aparece ya en la estética griega ("ars vitae" o "ars vivendi"). En sus *"Cartas sobre la educación estética del hombre"*, Schiller pretende, a través de la estética, alcanzar un "Estado Ilustrado Ideal" a través de la cultura, por medio de la educación estética del hombre. Extiende la estética a todas las parcelas del saber: la ética, la política, el arte, etc. Un aspecto importante en Schiller es su concepto del "arte de la vida", que, dos siglos más tarde retomarán ciertas vanguardias artísticas, en particular las dadaístas y neodadaístas, al formular la fusión entre arte y vida: *"Arte es vida, vida es arte"*. El "arte de la vida" influye en el "arte estético" y viceversa.

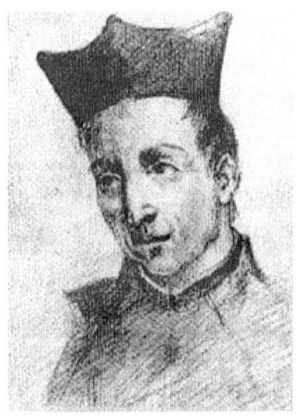

Baltasar Gracián (1601-1658)

Plutarco, Baltasar Gracián, Shaftesbury o Foucalt son autores que también hablan del "arte de la vida". Las "filosofías de la vida" del siglo XIX dan lugar en el XX al existencialismo positivista y éste influye en algunas vanguardias como el dadaísmo a través del pensamiento francés. El arte que produce modelos de vida constituye una clara *estetización*: ese es el caso de las "vanguardias negativas".

3. Primeras vanguardias. Futuristas italianos, dadaístas y surrealistas. Erik Satie y su *"Musique d´ameublement"*

Síntomas claros de este esteticismo se reproducen claramente a principios del siglo XX: muchas de las manifestaciones artísticas de vanguardia que tuvieron lugar en Europa en esta época fueron los precedentes de más influencia en los procedimientos y representaciones artísticas de la segunda mitad del mismo siglo. El movimiento futurista fue una de estas manifestaciones, fundado en 1908 por el artista Filippo Tommaso Marinetti. En diferentes y polémicos manifiestos, Marinetti llamaba la atención sobre la apremiante necesidad de cambiar los conceptos artísticos: consideraba a los museos como "cementerios" artísticos, anticipándose a muchas de las vanguardias posteriores.

Las *seratas* del Futurismo italiano (1909-1916), constituían verdaderos mítines donde los asistentes leían manifiestos, se exponían obras pictóricas, se representaban obras de teatro o se programaban conciertos de *música ruidista*, muy similares a los *happenings, performances* o *acciones* del movimiento *Fluxus,* entrando en conflicto muy a menudo con los intereses del público asistente a estos eventos, por lo que se llegaban a producir verdaderas batallas campales. La provocación formaba parte del espectáculo, de la cual se invitaba a participar a los propios espectadores, que silbaban, gritaban y arrojaban objetos al escenario y a los propios artistas.

En estas manifestaciones siempre se reflejaba el gusto por los avances tecnológicos y el mundo moderno y futuro, una idea que, en los años sesenta, será retomada por Wolf Vostell y Nam

June Paik mediante la utilización de monitores de televisión, vídeos, emisoras de radio, etcétera, en instalaciones y *happenings*.

La música y la danza tuvieron especial importancia en estas *seratas futuristas*. Se trataba de espectáculos donde la escenografía, la luz, el color, el sonido y el movimiento se integraban para dar forma a un arte multidisciplinar donde participaban la declamación, la danza, el canto y la música a modo de primitivas *performances*.

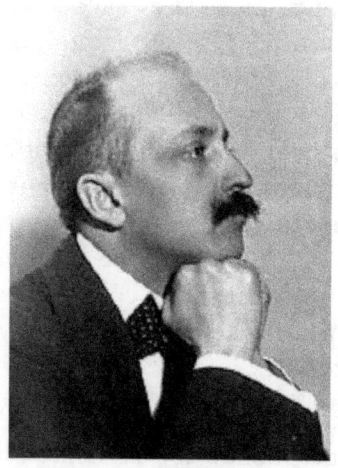

Filippo Tommaso Marinetti (1876-1944)

Igualmente podríamos considerar precursores de la *música concreta* los espectáculos musicales ruidistas de Luigi Russolo (1885-1947), como el mítico *"Aviador Dro"* (1920), donde tomaban parte un motor de motocicleta, ruidos de automóviles o una sirena.

Pero también encontramos síntomas de una *estetización* precursora de las *acciones* y *performances* de *Fluxus* o *ZAJ* en muchos otros espectáculos. Por ejemplo, en un concierto presentado por Marinetti donde los intérpretes corrían detrás de un piano empujado por todo el escenario, o en los *entonarruidos* de Russolo. Estos eran nuevos instrumentos creados para ampliar la habitual tímbrica de la orquesta tradicional, basados en sonidos de la naturaleza y ruidos extraídos de la vida en la ciudad. Así surgen diferentes instrumentos como los crujidores, silbadores, zumbadores, gritadores, etcétera.

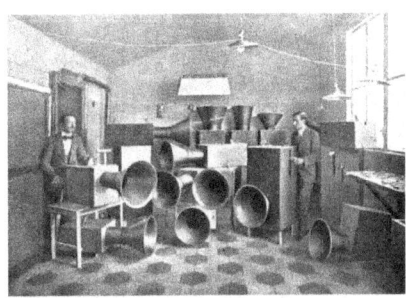

"Entonarruidos" de Luigi Russolo

El futurismo creía en la interdisciplinaridad, los espectáculos producidos en las *seratas* siempre conjugaban varias disciplinas. Estaban presentes la pintura, la declamación, la música, la danza, el teatro, etc., anticipándose, de algún modo, al concepto actual de espectáculo multimedia. Así, consideraban el cine como la forma de expresión más adecuada, al sintetizar en un único medio diferentes artes. Según Marinetti la cinematografía surge *"de la suma de la pintura, la escultura, el dinamismo plástico, la palabra en libertad, los entonasonidos, la arquitectura y el teatro".* (cit. por Javier Hernando, 2001: 56)

En el año 1916, un grupo de escritores refugiados de diversas nacionalidades (Hugo Ball, Hans Arp, Tristan Tzara, Richard Huelsenbeck) se reúnen en el Cabaret Voltaire, en Zurich y dan lugar a un nuevo movimiento intelectual y artístico que fue denominado *dadaísmo*. En 1918 se suman a ellos dos artistas plásticos, Marcel Duchamp y Francis Picabia. Uno de los objetivos principales del grupo consistió en acabar con el concepto tradicional de arte y de cultura, basándose en la ironía, el azar, la intuición y el irracionalismo. Fue un movimiento que tuvo gran influencia en Europa y posteriormente en Estados Unidos, pero a partir de los años veinte algunos de sus iniciadores derivaron hacia el *surrealismo*.

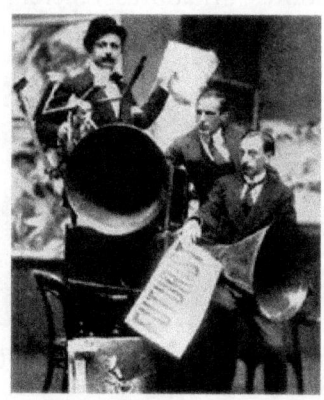

Marinetti, Piatti y Russolo

También fue el *surrealismo* un movimiento de origen literario al que, posteriormente se unieron, como sucedió con el dadaísmo, artistas plásticos. En 1924, André Breton publica su *"Manifiesto surrealista"*, considerado como la iniciación del movimiento al que posteriormente Marcel Duchamp se incorpora. Las bases en las que se fundamenta el surrealismo están en el poder creativo del subconsciente, de lo irracional, de la intuición y la imaginación a través de los sueños y el poder onírico de los símbolos. Se trataba de crear, no a través de la técnica o de la razón, sino, contrariamente a todo el arte anterior, a través de la irracionalidad, lo cual es un dato más acerca de la *estetización* a la cual es llevado el arte a partir de este momento histórico.

En 1920 el compositor francés Eric Satie compone junto a Darius Milhaud su *"Musique d'Ameublement"* ("Música de

Mobiliario"), para los entreactos del estreno de una pieza de Max Jacob, máxima realización de la "belleza adherente" kantiana. Según Satie, precursor en muchos sentidos de la vanguardia de la segunda mitad del siglo, la música de mobiliario no debía ni expresar ni comunicar, sólo servir de adorno:

> *"La* Música de Mobiliario *es básicamente industrial. Por costumbre —usualmente- se pone música en ocasiones en que la música no pinta nada. [...].*
> *Nosotros queremos lanzar una música compuesta para satisfacer las necesidades* útiles. *El Arte no entra dentro de estas necesidades. La* Música de Mobiliario *crea vibración; no tiene otra finalidad; desempeña la misma función que la luz, el calor y el confort en todas sus formas. "* (cit. por De Arcos, 2006:50)

Anticipando ciertas actitudes recogidas más tarde por las vanguardias, Satie había diseminado a los instrumentistas por las cuatro esquinas de la sala, y recomendaba a los asistentes "hablar, andar y beber" durante la ejecución musical. No pudiendo contener su cólera al ver que el público se sienta obedientemente en silencio nada más escuchar los primeros compases, Satie puede considerarse el primer compositor de la historia de la música en enfadarse porque la suya sea escuchada. Satie, de este modo, sitúa a la música como objeto funcional, práctico, material y despoja de ésta de cualquier componente estético que le acerque al arte. Música funcional, "decorado sonoro", fondo musical son términos que describen este tipo de música aplicada que anticipa muchas de las características que posteriormente poseerá la música cinematográfica y, más directamente, la música presente en la actualidad en establecimientos, medios de transporte y hogares como "hilo musical". Satie era un personaje de carácter irónico, crítico con las tendencias del momento, simpatizante de la vanguardia dadaísta, excéntrico, plagado de sentido del humor y siempre en

25

búsqueda de nuevas experiencias artísticas que marcó el camino de muchos otros músicos posteriores y abrió las puertas de la investigación sonora durante el resto del siglo. Si John Cage encuentra gran parte de su referencia sonora en Satie, un ejemplo de la influencia posterior que tuvo en los minimalistas es su pieza para piano *"Vejaciones"* (1893), cuya partitura indica que debe repetirse 840 veces.

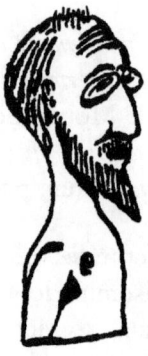

Eric Satie (1866-1925)

Muchas de las piezas pianísticas de Satie tienen títulos surrealistas: *"Tres piezas en forma de pera"*, *"Embriones disecados"*, *"Observaciones desagradables"*, *"Piezas frías"*..., lo cual indica en Satie la intención de ruptura con la tradición formalista clásica, y en definitiva, la ruptura con las formas clásicas del pasado.

Hay que precisar y hacer una distinción entre las vanguardias clásicas históricas de principios del siglo XX y las neovanguardias que surgieron en la segunda mitad del siglo. Situadas en contextos histórico-políticos muy diferentes, las neovanguardias de la postguerra no supusieron la continuación de los presupuestos de las vanguardias históricas:

"La vanguardia histórica se caracterizaba por la relación de tensión que mantenía con la tradición y, por consiguiente, con la historia. Se trataba de hacer cambiar la dirección de la historia, de inventar nuevos valores artísticos, éticos y políticos que sustituyeran a los viejos valores extenuados y desgastados. En realidad, hasta el futurismo, a pesar de su ansia de ruptura radical, de negación de la historia, proponía nuevos valores y, por tanto, una historia nueva que sustituyera a la vieja. [...] (Las neovanguardias) representan una violenta y radical inversión en todo lo relativo a tendencias: una auténtica irrupción de novedades" (Fubini, 1994: 190)

Las *vanguardias negativas* ("dadaísmo") recogen la *estetización*, las *vanguardias afirmativas* ("constructivismo") quieren configurar la realidad a través de dispositivos artísticos, llevar lo artístico a ámbitos no artísticos (el diseño industrial, p.e.). El "dadaísmo" pretende extender el arte a la vida, sin embargo, el "constructivismo" tiene como fin extender el arte a la producción, pero producen, sin embargo, el efecto contrario.

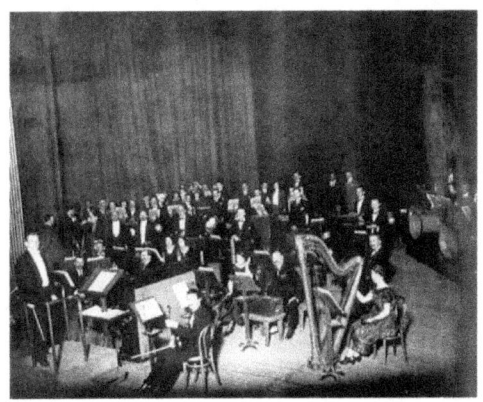

Orquesta con los Entonarruidos a la derecha

27

Otro de los aspectos que caracteriza a las vanguardias es su progresivo acercamiento del arte a la filosofía:

"[...] el modo de obrar de las vanguardias ha sido filosófico por excelencia. No era por nada que las música de las vanguardias iban acompañadas en su mayor parte de declaraciones de principios, de textos explicativos de elevado tono filosófico, hasta tal punto que, a veces, resultaba difícil establecer si las obras musicales se creaban como ilustración de los escritos teóricos y filosóficos o, viceversa, si los escritos eran ilustraciones de las obras." (Fubini, 1992: 464)

Así, el pensamiento estético, filosófico, desbordó las prácticas artísticas en las vanguardias de prácticamente todas las artes, la música y las artes plásticas principalmente, donde la explicación de la obra por parte del artista se antepuso a la propia obra.

4. Fenómenos de estetización en la música norteamericana. John Cage y la indeterminación

Según Claude Lévi-Strauss, la música de vanguardia se puede clasificar en música concreta, música serial y música electrónica. El polo opuesto a la influencia que tuvo en Europa el *serialismo integral*, donde todo el material sonoro se encontraba completamente organizado de antemano, lo supuso el desarrollo de la llamada "indeterminación", en la cual el compositor siempre deja lugar al azar y a la improvisación, en muchos casos aportada por el propio intérprete. La indeterminación y el juego del azar plantearon a mediados de siglo ideas radicalmente nuevas acerca de la naturaleza y posibilidades de la música, donde los acontecimientos musicales son difícilmente previsibles o anticipables, pero dejando al compositor cierto grado de actuación y control. El intérprete, de este modo, es pieza indispensable en la realización total de la obra, configurándose como parte fundamental del proceso compositivo, aunque, finalmente es el compositor el responsable último de la obra.

El compositor que mayor influencia tuvo en otros compositores que siguieron este planteamiento técnico y estético fue el norteamericano John Cage. Nacido en 1912 en California, estudió con Cowell y Schoenberg. Influenciado por la obra y el pensamiento de Erik Satie, Cage se interesó en un momento determinado por la filosofía y la música orientales: el zen, la meditación, el silencio y la monotonía presiden gran parte de sus arquetipos sonoros. Desde muy pronto Cage se siente atraído por la experimentación sonora, y, no contento con el uso únicamente de los instrumentos tradicionales, compone piezas donde incluye instrumentos de percusión singulares (truenos, motores de coche, piano pulsando las cuerdas…) o aparatos electrónicos (osciladores, micrófonos, zumbadores eléctricos…).

Con mucho puede considerarse a Cage, más que como un compositor, como "inventor" o como "experimentador" nato. Recoge de Satie su humor y su investigación sonora. Un ejemplo es su pieza *"Living Room Music"* (1940), donde la percusión consiste en golpear cualquier elemento de la habitación o sala donde se da el concierto (mesas, paredes, etc.).

En su afán de búsqueda tímbrica, y realmente conmovido por las sonoridades orientales, Cage descubre un nuevo instrumento en el interior del más versátil, rico en matices y sonoridades y amplio repertorio de todos los instrumentos: el piano. Este nuevo instrumento consiste en transformar su sonoridad introduciendo entre las cuerdas del piano una serie de sordinas de diferentes materiales (metal, madera, goma, plástico), de forma que, al percutir el macillo en la cuerda se altere el timbre del instrumento reforzando en particular sus cualidades como instrumento de percusión. Ya Satie había experimentado modificando el sonido del piano depositando un papel encima de las cuerdas del piano. Ciertamente, el piano se convierte en un "set de instrumentos de percusión" que, a voluntad del compositor, y, según las indicaciones que se incluyen al principio de la partitura, el intérprete tiene que seguir, introduciendo los diferentes tornillos, tuercas, gomas de borrar, maderitas, etcétera para, de esta manera, hacer sonar el instrumento de una forma nueva en cada pieza. Se trata del famoso "piano preparado" ideado por Cage, para el cual compuso sus *"Sonatas e Interludios"* en 1948.

A partir de 1951 Cage comienza a escribir piezas en las cuales el azar toma parte importante del proceso de composición. La indeterminación a la que somete sus composiciones hace que, cada vez que se interpreten suenen de un modo completamente nuevo. Así surgen obras como *"Music of Changes"* (1951), *"Music for piano"* (1952-56), y la polémica *"4'33'"*, en la cual el intérprete o intérpretes permanecen en silencio el tiempo indicado por el título y escrito en la partitura, mientras que los ruidos producidos en la sala de conciertos constituyen la música.

Cage representa al músico de vanguardia que se comporta como un hombre de ciencia, como un investigador en busca de nuevos mundos sonoros, los cuales permanecen aún sin explorar. De esta manera, *"la vanguardia se decidió a cumplir una doble tarea: por una parte, se impuso a sí misma la ruptura sistemática con todo nexo lingüístico tradicional, gracias al empleo de ruidos, de sonidos electrónicos, de instrumentos tradicionales usados fuera de su contexto, lo que se consiguió por obra del escándalo intencionado, de la acción o el gesto provocador y profanador; por otra parte, aspiró a la construcción de un nuevo mundo sonoro, llevando adelante el programa señalado por Webern, consistente en la serialización integral de todos los parámetros auditivos posibles"* (Fubini, 1992: 471)

La música de vanguardia más radical se basa en la "negación" de todo nexo con la tradición musical occidental, según los siguientes conceptos clave:

a) "Escucha" de los sonidos, no producción de sonidos
b) "Inclusión" de los sonidos en el sistema, no selección de ellos dentro de una escala preestablecida
c) Negación de la música como lenguaje
d) Negación de toda jerarquización de los sonidos
e) Negación de toda estructura u organización

Cage, además, nos ha dejado numerosos escritos donde expresa su pensamiento acerca del arte y la cultura, su gusto por la provocación, por el mundo y cultura orientales, el neodadaísmo y el irracionalismo nietzscheano, por lo que se puede considerar a Cage el gran maestro de las vanguardias negativas irracionalistas.

Otra característica importante en Cage, aparte de la investigación sonora, se encuentra en la falta de interés en la organización de la estructura musical. La música de Cage no tiene estructura alguna, la deja en manos del azar, carece de expresividad y de voluntad creadora, situándola en el plano de la vida. Por tanto, se pregunta el propio Cage, *"¿qué fin tiene, pues, escribir música? Obviamente, tiene un único fin: el de no tener fines, o sea, que hay que hacer algo, pero exclusivamente con los sonidos. La respuesta debe asumir la forma característica de la paradoja: el fin de no tener un fin, o bien un juego sin fin. Pese a todo, este juego es una afirmación de vida; no se trata de un intento por aportar orden al caos o por alcanzar progresos en el acto de creación, sino de algo más sencillo: el juego es una manera de despertar a la verdadera vida, a la que estamos viviendo"* (cit. por Fubini, 1992: 472). También afirma: *"Si nos aviniéramos a dejar de lado todo lo que se intitula música, la vida entera se transformaría en música"* (cit. por Ferrando Colom, 2001: 35). En estas citas se refleja claramente el concepto de arte-vida del que se impregnaron los grupos *Fluxus, Zaj* y el artista Wolf Vostell, influenciados por John Cage, como veremos más tarde.

Otros compositores norteamericanos que siguieron la estela de la indeterminación dejada por John Cage fueron Morton Feldman (1926-1987), Earle Brown (nacido en 1926) y Christian Wolff (nacido en 1934).

A Europa también llegó la influencia ejercida por Cage en la música de vanguardia. En 1949 Cage visita París y allí conoce a Pierre Boulez, los cuales establecen un contacto que dura varios años, pero también el alemán Karlheinz Stockhausen se interesa por los hallazgos del músico americano. Aunque la mayoría de los músicos europeos de aquella época reaccionan con hostilidad a los descubrimientos de Cage acerca de la indeterminación, Boulez y Stockhausen, junto con otros compositores del "serialismo integral" reconocen que, cuanto mayor es la precisión y la predeterminación con la que los elementos musicales se ponen en juego en la composición, mayor es la tendencia de estos a sonar como si fueran resultado únicamente del azar. El resultado sonoro, por tanto, de técnicas compositivas opuestas en su tratamiento (máxima determinación por un lado, máxima indeterminación por otro) es muy similar, según confiesan los serialistas integrales. De este modo, tanto Stockhausen como Boulez, influenciados por Cage, otorgaron a algunas de sus obras seriales una pequeña dosis de libertad y azar y les dotaron de un mayor grado de intuición. Es el caso de *"Klavierstück XI"* (1956) o *"Zyklus"* (1959), ambas de Stockhausen.

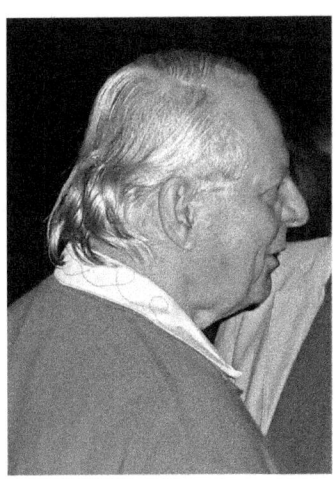

Karlheinz Stockhausen (1928-2007)

En España compositores como Jesús Villa Rojo, Luis de Pablo o Juan Hidalgo, del que más tarde hablaremos con detenimiento, han seguido en algunas de sus obras los caminos trazados por el indeterminismo.

Si en el uso de materiales ordenados hasta la máxima precisión (*serialismo integral*) y su opuesto, el desorden del azar tendente al caos (*indeterminación*) se encuentra un resultado sonoro final semejante (*entropía*), el resultado contrario de esta complejidad máxima se encuentra en la simplicidad debida al uso de un mínimo de información tratada por medio de la repetición excesiva (*redundancia*) que conduce a una nueva tendencia musical, el *minimalismo*.

5. Minimalismo y música repetitiva. La Monte Young, Terry Riley, Steve Reich y Philip Glass

En los años sesenta surge un nuevo movimiento en Estados Unidos denominado *minimalismo*. Constituye una propuesta estética que intenta reaccionar a la complejidad que constituye la vanguardia serial. En las piezas minimalistas el lenguaje es sencillo, logrado a través de la simplificación máxima del material empleado en la composición, el uso en muchos casos de la tonalidad, y la repetición variada muy progresivamente, y dilatada en el tiempo, de las frases musicales. Si el material temático es extremadamente simple, en ocasiones células musicales de sólo dos o tres notas, y se repite insistentemente sin apenas variación, se denomina *música repetitiva*.

El resultado final de la música minimalista se acerca mucho más a las exigencias de un público no tan preparado para las complejas audiciones del *serialismo integral*, y, sin llegar a alcanzar audiencias propias de la música popular, aproximándose a los gustos de la audiencia debido al uso de determinados procedimientos de la música pop.

Los compositores norteamericanos en esta década, se encontraban influenciados por la música asiática, especialmente por la hindú, con sus repetitivos *ragas* y *talas*, pero también la música popular era un medio de inspiración y contaminación sonora. Estilos como el jazz, el blues o el rock, con sus cadencias y ritmos insistentes, pertenecían a una época dorada de máxima búsqueda e investigación expresiva y de lenguaje. Según Steve Reich, *"Músicas populares, como la clásica india y el Rock & Roll pueden hacernos sentir los minúsculos detalles del sonido"*. Es la década del free-jazz, del jazz-fusión, la psicodelia o el blues-rock que tuvieron como escenario privilegiado los macroconciertos en Woodstock. Como reacción a una música de vanguardia excesivamente compleja, algunos jóvenes compositores trazaron una nueva senda marcada por la sencillez, y aun habiendo sido influidos de algún modo por la música de Cage, pronto se independizaron de él.

La Monte Young (nac. 1935) fue uno de los pioneros del minimalismo. Un ejemplo del extremo al que lleva la repetición se encuentra en su obra *"Death Chant"* (1962), para coro de hombres. El motivo melódico de tres notas, sol, si y do en cuatro compases, según el autor es *"para ser repetido muchas veces o hasta el infinito"*. La partitura consta, naturalmente sólo de esos cuatro compases: es el "concepto" lo que prima en la obra, constituye una *estetización* en la cual prima el aspecto repetitivo.

Otro compositor minimalista es Terry Riley (nac. 1935), fue el primero en experimentar casi exclusivamente con patrones repetidos constantemente. Empleaba breves motivos que grababa repetidamente en cintas magnetofónicas y superponía a éstos los mismos grabados al revés.

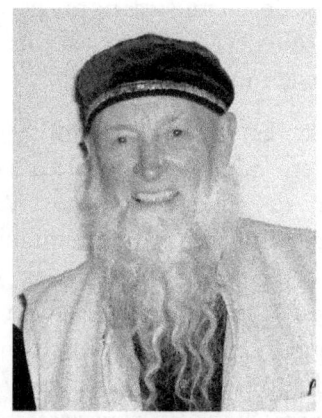

Terry Riley (nac. 1935)

Pero, quizá, los más relevantes compositores de esta tendencia fueron Steve Reich y Philip Glass.

Reich (nac. 1936) tomó la idea de Riley de grabar "loops" en cintas magnetofónicas, pero le dio un nuevo matiz, desfasando cada nueva superposición del motivo mediante una aceleración mínima de su velocidad (*fases*). Surgen así *"Piano Phase"* (1967) y *"Violin Phase"* (1967).

Philip Glass (nac. 1937), habiendo rechazado el camino trazado por Pierre Boulez y el *serialismo integral*, se siente atraído por la música hindú, su organización rítmica y melódica, y su consonancia, y posteriormente por las músicas africanas y orientales, y en definitiva por todas las músicas étnicas.

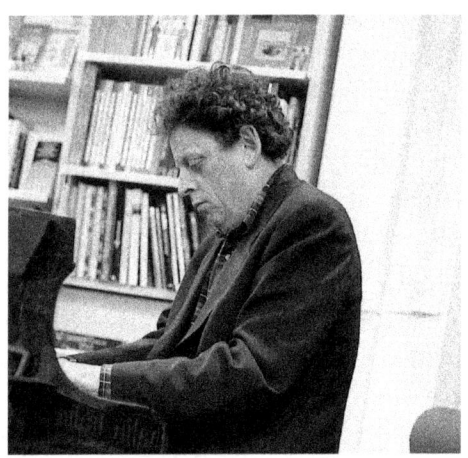

Philip Glass (nac. 1937)

La música de Philip Glass es, en gran medida, tonal, escribe armadura de clave y su armonía, melodismo y concepto de orquestación son tradicionales. Sin embargo, la modernidad radica en la repetición, que, en el caso de Cage es, más que de células o pequeños motivos, de frases o temas de mayor anchura, que Glass va variando poco a poco. El resultado sonoro es muy del gusto de oídos no acostumbrados a la música de la vanguardia más radical, por lo que es uno de los pocos compositores que ha traspasado la frontera de la música contemporánea para llegar al gran público. Tanto es así que es requerido frecuentemente para la composición de música aplicada cinematográfica y tiene entre sus fervientes seguidores tanto a cinéfilos como entusiastas del rock o las "músicas alternativas". Como afirmó Glass en 1982: *"Aunque suene raro, la gente del Rock tiene mentes más abiertas que los compositores que llaman serios"*. De este modo, cuenta con su propio grupo para sus conciertos en salas y festivales del ámbito de la música popular, el *Philip Glass Ensemble*. Algunos de sus trabajos más significativos son *"Music in Fifths"* (1969), *"Music in twelve parts"* (1971-74) o las óperas *"Einstein on the beach"* (1975) y *"Satyagraha"* (1980).

Suso Sáiz (1957), Eduardo Polonio (1941), Carles Santos (1940) o Llorenç Barber (1948) han sido los seguidores del *minimalismo* en España.

Los compositores minimalistas, claramente influenciados en un principio por Cage, encuentran en las experiencias repetitivas y un tanto irónicas de Erik Satie un referente procedente del dadaísmo. El *minimalismo* musical queda cerca de parecerse a una especie de "tapiz musical" que "decora", del mismo modo como lo hacen ciertas músicas aplicadas al modo de la "música de mobiliario" de Satie, llegando a un punto tal en que la estética sobrepasa al arte puro, constituyendo una auténtica *estetización*.

6. *Arte es vida, vida es arte* : Fluxus, Pop, Punk y vanguardias

La ruptura de la línea de separación entre el arte y la vida se produce finalmente con el *arte pop*, aunque las vanguardias lo habían querido hacer suyo mucho antes:

> "*Los años sesenta suponen el punto de inflexión en un proceso que acompaña el desarrollo de las sociedades de masas desde sus inicios, y del que la propia vanguardia había sido consciente, aunque sólo de modo incipiente:* la estetización de la vida" (Jiménez, 2002: 209)

Fueron los artistas pop quienes "*introdujeron como idea la indistinción de los objetos de la cultura de masas y los productos artísticos, dando así un paso más respecto a Duchamp, que siempre mantuvo la diferencia entre obras de arte y* ready-mades." (Jiménez, 2002: 212)

El grupo *Fluxus*, movimiento "antiarte" fundado por George Maciunas a principios de los años sesenta, e influido por Marcel Duchamp y John Cage, estaba integrado por creadores que trabajan en distintos ámbitos como la danza, los "happenings", la música y las artes plásticas. Coincidieron en él personalidades tan excepcionales como Yoko Ono, George Brecht, La Monte Young, Merce Cunningham y dos de los vídeo-artistas pioneros, Nam June Paik y Wolf Vostell. Realizaban conciertos y "performances" de tipo dadaísta siempre bajo la premisa "*Arte es vida, y vida es arte*".

En Fluxus, la falta de técnica artística se tiene como una virtud; esta es una de las influencias del pensamiento de John Cage que también se refleja en los artistas del *pop* musical: el amateurismo es ensalzado en detrimento del profesionalismo.

Por ello, cualquier error que se cometiera en la elaboración o interpretación de la obra artística formaría parte intrínseca de la propia obra. De este modo, no se juzga una acción por su perfección en su estructura o composición, y, por ello, no existe obra bien o mal realizada. El azar es otro de los elementos que tomó prestado Fluxus de Cage en sus "happenings", eventos, acciones y conciertos, como algo inherente a la propia vida: lo indeterminado, la causalidad, lo espontáneo, la intuición... forman parte de la experiencia vital, y, si el arte forma parte de ésta, la vida también es parte del arte. De ahí la ecuación Arte=vida. Para los artistas Fluxus la mejor obra artística no es la que representa lo unitario ni lo personal, sino aquella que representa la colectividad, la obra impersonal, neutra, no marcada por un artista concreto. De este concepto surgen muchas obras realizadas colectivamente, sobre todo las acciones y eventos. Fluxus amplía considerablemente el concepto de arte, ligándolo a aspectos relacionados con la cotidianidad de la propia vida, haciendo que se diluya la frontera entre el artista y el espectador, entre el profesional y el amateur, entre la técnica y la intuición. Arte es vida, vida es arte, constituye una completa *estetización* que borra muchísimo los límites comúnmente aceptados durante siglos acerca de lo que se considera arte. George Maciunas, en su manifiesto de 1962 titulado *"El neodadá en la música, el teatro, la poesía y el arte"* expone claramente cuáles son estos principios:

> *"Las formas antiarte se dirigen básicamente contra el arte como profesión, contra la separación artificial entre el intérprete y el público, el creador y el espectador o entre el arte y la vida [...] La lluvia es antiarte, el murmullo de una multitud es antiarte, el vuelo de una mariposa es antiarte o los movimientos de los microbios son antiarte. Son tan hermosos y dignos de ser conocidos como el propio arte. Si el hombre pudiera experimentar el mundo, el mundo concreto que le rodea*

(desde las ideas matemáticas a la materia física) en la misma forma en la que experimenta el arte, no habría necesidad de arte, de artistas ni de otros elementos no-productivos similares." (cit. por Anna Maria Guasch, 2001:41)

Pero ya un año antes, en 1961, Wolf Vostell había expuesto su fórmula Arte=Vida/Vida=Arte, pretendiendo cambiar el concepto de vida, más que el de arte.

El ruido es otro de los elementos fundamentales presentes en Fluxus, ruidos producidos por objetos o los propios del cuerpo humano, según la influencia de los ruidistas italianos. Así, en 1964, Vostell presenta una nueva ecuación: Vida=Ruido=Vida.

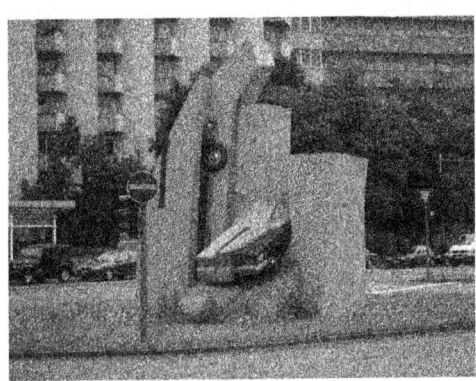

Escultura de Wolf Vostell titulada "Cadillacs in Form der nackten liegenden Maja" (1987). Berlín, Rathenauplatz

Como ya subrayó Ortega en 1925, en su ensayo sobre *"La deshumanización del arte"*, el arte moderno iba dando pasos de gigante hacia la negación de lo individual, de lo personal, de lo propio del artista. Esto es, precisamente lo que más se intentó combatir desde Fluxus: el "ego" de los artistas, su profesionalismo, el arte por el arte, el intelectualismo, y, por tanto, su consecuencia, el comercialismo. *"Purguemos al mundo del arte muerto, de la imitación, del arte artificial, del arte abstracto, del arte ilusionista, del arte matemático"*, escribía Maciunas en su manifiesto del año 1963 (cit. por Guasch, 2001: 43), como reacción a otro tipo de vanguardia, como significó en la música el serialismo. Quizá pueda considerarse Fluxus como el movimiento artístico (o antiartístico) que se presenta más *estetizado*, que más ha promovido la *desartización* en la segunda mitad del siglo XX.

"Nuestra vida es nuestro arte" decía Lennon refiriéndose a Yoko Ono e insertándose en el movimiento Fluxus.

El matrimonio artístico entre Yoko Ono y John Lennon dio frutos emparentados con los movimientos vanguardistas del Nueva York de los años sesenta, como, por ejemplo, Fluxus. Un ejemplo es el disco *"Unfinished Music: Two Virgins"* (1968), donde en el título mismo aparece el concepto de "obra inacabada" propio de Marcel Duchamp, en el que la obra no se completa hasta que no es reelaborada por el propio espectador. En los discos de Yoko Ono está muy presente la influencia de Fluxus, son discos muy experimentales, basados en sonidos electrónicos mezclados con la voz de Yoko jadeando, gritando o aullando, o ruidos del propio cuerpo humano, latidos del corazón, respiraciones y cualquier otro sonido que no sea precisamente instrumental. En este aspecto, y siguiendo el concepto de Vostell acerca de los sonidos corporales, Roger Waters, miembro del grupo psicodélico *"Pink Floyd"*, grabó en 1970 un disco titulado *"Body Music"* ("Música del Cuerpo"), en el cual las diferentes piezas contenían todo este tipo de sonidos.

El caldo de cultivo cultural neoyorquino supuso para muchos artistas del pop y del rock de los años 60 y 70 un contacto directo con las vanguardias neodadaístas, con el grupo Fluxus a la cabeza de ellas. Es el caso del cantautor Lou Reed, que con su disco de 1975, *"Metal Machine Music"* , bajo la influencia del compositor minimalista La Monte Young, experimentó con el ruido de una permanente distorsión y chirridos electrónicos, considerándose posteriormente como el álbum precursor del *punk*.

El movimiento *punk* que tuvo lugar a finales de los años setenta se sirvió del "ruido" como parte fundamental de su música. Canciones de muy corta duración, en ocasiones, de apenas un minuto, muy rápidas y llenas de agresividad integran el repertorio de grupos como "Sex Pistols" y "The Clash", en Londres, o "Plasmatics" y "Ramones" en New York. La protesta adolescente contra el *rock* está plagada de elementos estetizantes, desde el planteamiento musical "ruidista", pasando por una *estetización* de la moda juvenil constituida por grandes crestas, pantalones ajustados y chaquetas de cuero.

En la música "electrónica industrial" de los setenta y ochenta también se puede intuir la influencia de las vanguardias neodadaístas y del grupo Fluxus. El grupo alemán "Kraftwerk" es un buen ejemplo de ello: su música está impregnada de rasgos que le unen al minimalismo y a la música repetitiva, empleando en sus composiciones sonidos no musicales, voces vocoderizadas y ruidos de máquinas conseguidos por medio de instrumentos electrónicos. Su disco *"Autobahn"* (1974) contiene una pieza de 22 minutos que evoca el recorrido por una autopista, consiguiendo una feliz adaptación de las fórmulas minimalistas al formato *pop*. En *"Radioactivity"* (1975) las diferentes piezas recogen multitud de efectos sonoros (interferencias de radio, ruido de aguja sobre el vinilo, vocoders, etc.)

Otro grupo alemán, "Einsturzande Neubauten", en lugar de batería empleaba para sus percusiones todo tipo de objetos metálicos, sierras, taladros y otras herramientas industriales, que golpeaban en cualquier lugar, como en el *"Living Room Music"* de Cage.

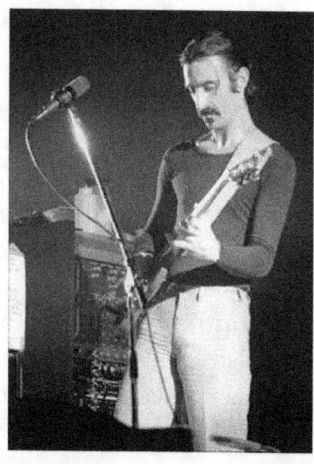

Frank Zappa (1940-1993)

El "ruidismo" influyó a muchos de los grupos de música popular a partir de los 80, por ejemplo Sonic Youth, Nirvana, y todos los grupos *grunge* de los años noventa. Un caso excepcional es el del grupo británico *"The Art of Noise"*, cuyo proyecto pretendía rendir homenaje a la influencia de Claude Debussy, que revolucionó la música a principios del siglo XX, y el sonido del "Arte de los ruidos" de los experimentos del Futurista italiano Luigi Russolo. Uno de sus vídeo-clips más conocidos *("Close To The Edit")* fue realizado por el vídeo-artista Zbigniew Rybczynski, el cual constituye un verdadero manifiesto contra la música realizada con instrumentos tradicionales: tres hombres y una niña maquillada en estilo "punky" se dedican a destrozar diferentes instrumentos (violines, saxos, un contrabajo y un piano) y sus partituras con la ayuda de sierras eléctricas, taladradoras, mazas y martillos de los cuales se sirven, asimismo, como instrumentos de percusión acompañando al ritmo obsesivo de la música, una música "tecno-pop" realizada con sintetizadores y el ruido rítmico de las herramientas industriales que aparecen en la imagen. El resultado es de gran ironía y refleja idénticas ideas estéticas de las vanguardias, pero, en este caso, llevadas al contexto de la música *pop*. En ello puede intuirse la influencia de las *performances* de Fluxus, como la que realizó Nam June Paik en 1962 en Düsseldorf titulada *"One for violin solo"*, donde el artista destrozaba un violín ante el público.

Muchos otros artistas de la música *pop* y *rock* han estado cerca de las vanguardias, como es el caso del estadounidense Frank Zappa (1940-1993), no sólo por sus trabajos discográficos con su grupo *"The Mothers of Invention"* , sino también por su faceta como compositor sinfónico, algunos de cuyos trabajos fueron dirigidos y grabados por Pierre Boulez. También realizó varios conciertos en Alemania y Austria con el conjunto de cámara alemán, "Ensemble Modern".

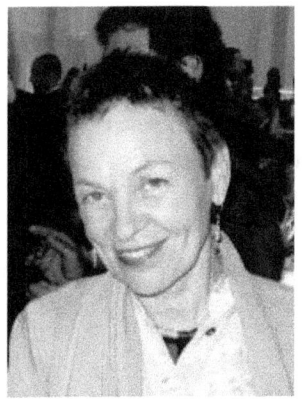

Laurie Anderson (nac. 1947)

Laurie Anderson (nac. 1947), cantante, violinista y compositora de música pop, realiza espectáculos multimedia donde combina el cine, la poesía, la música, la danza, la fotografía y la iluminación, de un modo difícilmente imaginable en otros ámbitos de la música pop.

Aparte de los fenómenos de *estetización* que se producen en la propia música, hay que recalcar otro tipo de *estetización* que acompaña a la música popular en todos sus estilos: la *"estetización de la moda"*. Como fenómeno, no solamente artístico o musical, sino también social, la música pop ha propiciado el surgimiento de diferentes movimientos juveniles que están detrás de los estilos musicales. *Hippies, heavies, punkies, rockers, mods...*, cada uno de ellos está configurado a través de una serie de pautas, no solamente morales y de comportamiento, sino también estéticas, que sirven para el reconocimiento en el grupo y su adscripción a él. No deja de ser relevante este tipo de *estetización*, pero desborda totalmente los presupuestos e intenciones del presente trabajo.

Aún así, es importante remarcar que, para muchos de estos jóvenes es más importante la ropa o la estética que les asigna a determinado grupo social, que la propia música: síntoma de una clara *estetización* de la moda. Pero este fenómeno es consecuencia, entre otros motivos, de la estética que presentan los propios artistas. Podríamos hablar también del esteticismo, propiciado por el propio espectáculo, que presentan estos grupos musicales en su vestimenta (por ejemplo, van vestidos de superhéroes, como *"Kiss"*, de colegiales, como *"AC/DC"*, etc.) o la estética de las carátulas de los propios discos...

En ocasiones se ha querido considerar el *pop* como una forma de arte: podría decirse que es como considerar al *"comic"* como pintura de vanguardia. En los años setenta surgieron grupos que pretendían proporcionar al *rock* la categoría de arte realizando una música más elaborada, en ocasiones realizando verdaderos experimentos vanguardistas. A este estilo se le ha dado en llamar *rock progresivo*, así como *rock sinfónico*. Pero en esta situación ambigua se encuentran todas las llamadas "artes populares": el *jazz* ¿puede ser considerada música seria, culta? Esta pregunta sería difícil de responder, y, además, constituiría un debate que excede los propósitos del presente trabajo.

7. Fenómenos de *estetización* en la música europea

El 12 de Septiembre de 2001 el compositor alemán Karlheinz Stockhausen declaraba que el ataque terrorista contra las torres gemelas en Nueva York era la mayor "obra de arte" que el ser humano había realizado nunca. Evidentemente, poco después tuvo que retractarse de sus palabras. Este hecho singular y poco comprensible constituye una clara *estetización* de la tragedia y el terror. En este caso Stockhausen se excedió del margen éticamente tolerable, aunque el compositor siempre se refirió al aspecto puramente estético del hecho. Para Schiller las fronteras entre ética y estética han de estar bien diferenciadas, son dos esferas de actuación que deben ser autónomas, por lo que sólo es formativa del espíritu humano la experiencia estético-artística:

> *"¿Hasta qué punto puede tener cabida la apariencia en el mundo moral?, contestaré concisamente: tendrá cabida en la medida en que sea apariencia estética, es decir, una apariencia que no pretenda sustituir a la realidad, ni necesite que la realidad la sustituya"* (cit. por Marchán)

Stockhausen, músico integrante de la vanguardia serial a principios de los años cincuenta, no ha dejado de experimentar en otros ámbitos, como la indeterminación, según ya hemos comentado, la música electrónica y electroacústica o el puntillismo. Sin embargo, no deja de haber un aspecto interesante en la personalidad de este fascinante compositor: la puesta en escena y su teatralidad. Es el caso de su cuarteto de cuerda *"Helikopter"* (1993), donde los integrantes del cuarteto suben cada uno a un helicóptero e interpretan la música desde el aire, mezclándose el sonido instrumental con el del ruido de las turbinas. Lo importante aquí no es la propia música, ni siquiera el ruido de los helicópteros: es el hecho de hacer volar un cuarteto en helicóptero lo que constituye la experiencia artística, y, por tanto estética. Los helicópteros, medios de transporte, han pasado a ser "instrumentos musicales", han sido "estetizados". El mismo Stockhausen relata cómo concibió la obra:

> "*Y entonces tuve un sueño: vi y escuché a los músicos del cuarteto en cuatro helicópteros tocando en pleno vuelo. Al mismo tiempo vi al público en el suelo, sentado en una sala equipada con material audiovisual, y otros en el exterior, en una gran plaza. [...] Tras el aterrizaje, las cámaras siguen a los músicos y los cuatro pilotos mientras desembarcan de los helicópteros y caminan al auditorio. Una vez allí, un moderador presenta a los pilotos. Éste pregunta a los intérpretes y a los pilotos acerca de su experiencia, y, finalmente el público es invitado a participar en la discusión*" (en el libreto interior del CD *Helikopter-quartett.*, 1999)

Y es que la música no es sólo sonido, es también gesto:

> "*La arquitectura perfecta de los gestos, su simetría articulada, es la réplica exacta de las figuras que el sonido en el aire deja, es ella misma en una total plenitud a la que nada ya falta: toda música es también acontecimiento visual*" (Brea, 1996: 140)

En su drama musical "*Licht, Die sieben Tage der Woche*", ("Luz, los siete días de la semana"), comenzada en 1977, dedica una ópera completa a cada uno de los días de la semana, realizando un trabajo en ocasiones esencialmente tradicional, y en otros momentos, con un sentido más ritual, donde incorpora danzas y piezas instrumentales a modo de *collage*.

Otros compositores relacionados con la vanguardia serial a principios de los cincuenta fueron los italianos Luigi Nono (nac. 1924), Luciano Berio (nac. 1925) y Bruno Maderna (1920-73) y el español Roberto Gerhard (1896-1970). Algunos de ellos encontraron en la técnica del *collage* una nueva manera de expresión musical que podía conectar con el público. Ejemplos de esta técnica son la *"Sinfonía nº3, Collages"* (1960) de Gerhard o la *"Sinfonía"* de Berio. En esta última Berio emplea el Scherzo de la *"Segunda Sinfonía"* de Mahler para todo su tercer movimiento, mientras superpone muchos otros materiales y citas expresas desde Monteverdi a Stockhausen, un largo texto recitado extraído de la novela de Samuel Beckett *"The Unnameable"* y otros escritos, y diversas intervenciones del coro a modo de gran puzzle. Con *"Halffbéniz"*, Cristóbal Halffter (nac. 1930) se ha acercado a la técnica de la cita y el *collage* a través de la música de Isaac Albéniz.

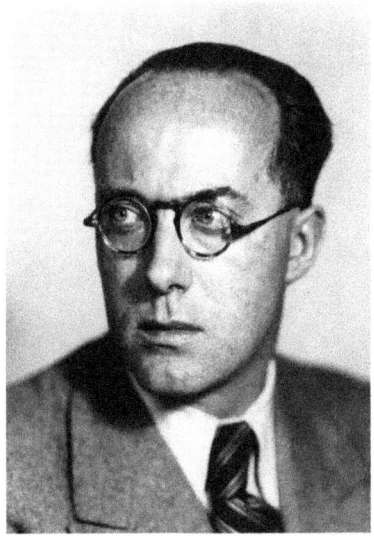

Roberto Gerhard (1896-1970)

8. Estetización en la música española. Juan Hidalgo y ZAJ. Carles Santos y Llorenç Barber

Si John Cage es el padre espiritual de ciertas músicas alternativas tanto en Estados Unidos como en Europa, su influencia también llega a España, y es recogida, sobre todo, por el músico y artista Juan Hidalgo y su grupo Zaj.

El grupo Zaj surge de la unión de tres artistas: Juan Hidalgo, Esther Ferrer y Walter Marchetti. Sus influencias más cercanas son John Cage en el aspecto musical y Marcel Deschamp en las artes plásticas.

Juan Hidalgo es Zaj y viceversa. Nacido en Las Palmas en 1927, Juan Hidalgo es un artista de formación musical, pero con un interés muy intenso en las artes plásticas. Estudió con Xavier Montsalvatge, Nadia Boulanger y Bruno Maderna. Su encuentro con John Cage constituirá un punto de inflexión muy importante en su carrera como compositor. A finales de los años 50 conoce al italiano Walter Marchetti, otro artista de similares características. Ambos coinciden en dejar de un lado la composición musical tradicional, y dedicarse de lleno a la pura investigación sonora. Hidalgo funda Zaj en 1964, movimiento o institución preocupada por la continua experimentación artística.

En los conciertos Zaj predomina el aspecto puramente ceremonial, la música tiene un contenido que nos remite a lo más ancestral. Es más importante el aura que rodea al espectáculo que el propio espectáculo, más importante el significante que el significado. En ellos no hay participación por parte del público, como es habitual en los *happenings*, la música, en este caso, tiene su principio y su final muy bien delimitado, incluso matemáticamente, como si de una ceremonia religiosa se tratase.

Los primeros conciertos Zaj eran homenajes a John Cage, interpretándose el *"4´33´´"* para piano. Algunas de las obras de Hidalgo incluso remiten claramente al universo sonoro de Cage, por ejemplo *"Rrose Sélavy"*, para celesta y piano, composición de 1976, que recuerda las composiciones del norteamericano para piano preparado o para piano de juguete, con su tímbrica metálica y su insistencia repetitiva casi mecánica, cerca de las sonoridades orientales y de la meditación del budismo zen japonés. *"Zajrit"*, de 1983 y *"Palpiti"*, de 1985 son dos obras que emplean como base unos breves poemas japoneses.

Pero el verdadero espectáculo Zaj se encuentra en las *performances* donde nada pasa, o las *acciones* como aquella en la que el propio Hidalgo enciende con fuego una serie de cuencos donde hay pequeños trozos de papel. Al terminar de arder, el artista recoge las cenizas y se marcha, quedando todo en silencio. En verdad, la mayor parte de las obras y espectáculos Zaj de Hidalgo prescinden de elementos, no ya musicales, sino, incluso sonoros. Un verdadero ejemplo de *estetización*, donde el protagonista es el esteticismo, nunca el arte.

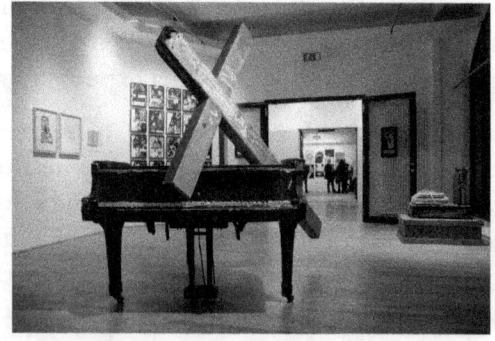

"Viva el Piano", de Carles Santos

Otros músicos alternativos de la escena musical española son Carles Santos o Llorenç Barber. Carles Santos (1940) es un pianista y compositor claramente influenciado por la vanguardia norteamericana debido a sus frecuentes estancias en Nueva York. Practica una música que, en ocasiones, raya la provocación, basada en las *performances*, las acciones y la música repetitiva, que, casi siempre son presentadas en formato de espectáculo teatral. Su actitud provocativa parte de su particular idea de protesta hacia un tipo de vanguardia elitista.

Llorenç Barber (1948), por su parte, despliega en todos sus espectáculos musicales gran parte de su ironía, humor y espíritu crítico, heredados, en cierto modo, de Cage. Una de sus acciones más representativas son sus conciertos para campanas de todas las iglesias de una población concreta. El artefacto es aquí más importante que la propia música, el coordinar y hacer sonar a la vez todas las campanas de una ciudad, la expectación que provoca, todo ello resulta una evidente *estetización* del hecho artístico.

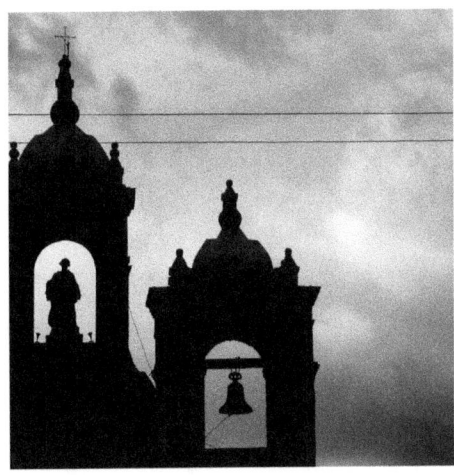

Llorenç Barber es conocido por sus conciertos de campanas

Foto © Clara Natoli

9. Caminos del arte: ¿hacia dónde se dirige la música?

Las vanguardias de la segunda mitad del siglo XX supusieron una "tiranía" del lenguaje de la cual no se podía escapar. Actualmente la música de vanguardia se encuentra en un momento de total permisividad, podríamos denominar este nuevo periodo de inicio de siglo como una etapa de "eclecticismo total". Se emplean aún muchas de las técnicas de la segunda mitad del siglo XX, aunque integran unas con otras, por ejemplo la música espectral, textural, el *serialismo* no integral, la mezcla de estilos, etcétera. Según Diego Fischerman:

> *"La música contemporánea no es necesariamente tonal o atonal, no es obligatoriamente electrónica ni se desenvuelve forzosamente en la ultracomplejidad contrapuntística. La música de este siglo, en todo caso, es la primera para la que no hay una estética fijada de antemano; es la que inaugura la necesidad, antes de existir, de preguntarse [...] acerca de su estética"* (cit. por de Arcos, 2004: 29)

Así, la música ha pasado del dogmatismo y el absolutismo estético de la vanguardia serialista a un *pluralismo* donde "todo vale". Cada compositor escribe actualmente dentro de "su" propio lenguaje, técnica y expresividad, que les son propias e intransferibles. Se puede sostener que la vanguardia fue, por momentos, totalitaria, intolerante, dogmática y llena de prejuicios, pero puede verse con claridad el paso que se ha dado desde esta univocidad centralizadora y autoritaria hacia un *pluralismo* cada vez más extendido que no ha alcanzado aún la utópica condición de una música que aspira a una vida plena. Para Fubini, más que pluralismo de ideas y lenguajes, aún estamos en un estado de *confusión*, cercano al lenguaje de los "mass media" o de la televisión, donde todos hablan y nadie escucha. Pese a todo, aún estamos en condiciones de alcanzar un estado de madurez que lleve al arte y a la música a encontrar un camino válido para los próximos decenios:

> *"[...] todavía hay sitio dentro de la música, y no sólo dentro de ella, para abordar un experimentalismo y un pluralismo que no aspiren a ser exclusivamente un fin en sí mismos, sino un pluralismo en el que el hecho de experimentar finalice con un buen resultado; un pluralismo con el que al público no sólo le satisfaga y se le complazca, sino que propicie que ese mismo público pueda ser como un sostén, como un apoyo para el músico, a quien aquél intentará ayudar en el camino a recorrer, transitando al menos un trozo de éste en su compañía." (Fubini, 1994: 197)*

La pregunta es: ¿hacia dónde va el arte en este nuevo siglo?, ¿hacia dónde se dirige la música?. Desde luego, *"la experimentación en el orden de la disonancia [...] define un programa de investigación radical irrenunciable. Sin embargo, la incapacidad de este programa [...] para dejarse contaminar por los hallazgos conceptualista y pop constituye su mismo límite"* (Brea, 1996: 149). Para José Luis Brea es muy interesante la "contaminación" entre diferentes artes. La solución para la música pasa sin remedio por la conjunción con las artes visuales y viceversa:

> *"No pienso ya en la riqueza que todo el accionismo y la performance ha introducido en nuevas formas musicales – de Cage a Paik, de Fluxus a Glenn Branca o Juan Hidalgo – sino en el potencial que ciertas operaciones efectuadas sobre lo musical ... por artistas contemporáneos conlleva."* (Brea, 1996: 150)

Javier Hernando coincide con Brea en que esta "contaminación" mutua constituye un nutrido campo de experimentación para el arte:

> *"Pintura, texto, acción, teatro, danza, instalaciones…Disciplinas que ya no pueden sostener su autonomía en un mundo cada vez más contaminado, cada vez más mestizo. Como un reflejo más de la actual condición de nuestra sociedad, el ámbito de la creación se configura como lugar de interferencias."* (2001: 61)

También encuentra Brea un terreno interesante por explotar aún mucho más, que se sitúa en la frontera entre cine e industria audiovisual, es decir el *vídeo-clip*, o las óperas minimalistas de Steve Reich o Philip Glass, que emplean proyecciones de vídeo.

Según Brea, en la música el proceso de *estetización* producido por la industria mediática y musical no representa un riesgo tan claro como el que representa para las otras artes:

> *"Si bien el proceso de banalización del producto artístico propiciado por una industria irrevocablemente enfocada al consumo rápido afecta sin duda a la comunicación musical, ésta siempre conserva su lugar propio —no ocurre como con, por ejemplo, el desafío que la estetización de la vida cotidiana por expansión de las industrias mediático-audiovisuales representa (como amenaza de desaparición incluso de su campo específico, autónomo) para el arte plástico o incluso el literario".* (Brea, 1996: 154)

Para Robet P. Morgan la era actual ofrece multitud de interesantes y excepcionales oportunidades para la música, debido al desarrollo constante de la tecnología, y a la aparición de nuevos instrumentos electrónicos e informáticos que permiten al compositor abrirse a un mundo inagotable de recursos estilísticos y tímbricos. Pero, a pesar de toda la libertad de la que goza el artista debido al presente eclecticismo en las artes, éste se encuentra con una falta de definición y claridad acerca de su función y posición dentro de la sociedad. Debido al actual pluralismo de tendencias y estilos nos encontramos en un *"fluctuante y dinámico estado inmóvil".* Es decir, no hay una única línea o dirección estética clara, por lo que, al haber tantas tendencias diferentes, al no haber un "consenso" estético, la música no se mueve claramente:

> *"For music to change, the world will have to change"*
> (Morgan, 1991: 489)

10. Bibliografía

ALEMÁN GÓMEZ, ÁNGELES. *La música como origen de Zaj*, en *Simposio "Happening, fluxus y otros comportamientos artísticos de la segunda mitad del siglo XX"*. Cáceres. Editora regional de Extremadura (2001)

BREA, JOSÉ LUIS. *Un ruido secreto. El arte en la era póstuma de la cultura*. Murcia. Mestizo (1996)

DE ARCOS, María. *Experimentalismo en la música cinematográfica*. Madrid. Fondo de Cultura Económica (2006)

FERRANDO COLOM, Bartolomé. *Arte y cotidianidad. Apuntes para un ejercicio de transformación de la práctica común en hecho artístico*, en *Simposio "Happening, fluxus y otros comportamientos artísticos de la segunda mitad del siglo XX"*. Cáceres. Editora regional de Extremadura (2001)

GROUT, Donald J. y PALISCA, Claude V. *Historia de la música occidental*. Madrid. Alianza Editorial (1993)

HERNANDO CARRASCO, Javier. *Contra la autonomía de los medios. La creación artística como propuesta interdisciplinar,*-+/* en *Simposio "Happening, fluxus y otros comportamientos artísticos de la segunda mitad del siglo XX"*. Cáceres. Editora regional de Extremadura (2001)

FUBINI, Enrico. *Música y lenguaje en la estética contemporánea*. Madrid. Alianza Música (1994)

FUBINI, Enrico. *La estética musical desde la Antigüedad hasta el siglo XX*. Madrid. Alianza Música (1992)

GUASCH, Anna Maria. *Ex(hi)bir el fluxus (1995-1962)*, en *Simposio "Happening, fluxus y otros comportamientos artísticos de la segunda mitad del siglo XX"*. Cáceres. Editora regional de Extremadura (2001)

JIMÉNEZ, José. *Teoría del arte*. Madrid. Tecnos (2002)

MARCHÁN FIZ, Simón. *A través de la belleza se llega a la libertad. La estetización ético-política en Schiller y sus derivas*. Madrid.

MARCHÁN FIZ, Simón. *La estética en la cultura moderna*. Madrid. Alianza Forma (2000)

MARCO, Tomás. *Historia de la música española. Siglo XX*. Madrid. Alianza Editorial (1998)

MORGAN, Robert P. *Twentieth-Century Music*. New York. W. W. Norton & Company, Inc. (1991)

NIETZSCHE, Friedrich. *El nacimiento de la tragedia*. Madrid. Alianza (1979)

ORTEGA Y GASSET, José. *El Espectador, Obras completas, II*. Madrid. Alianza Editorial-Revista de Occidente (1987)

ORTEGA Y GASSET, J., *La deshumanización del arte* en *Obras completas III*. Madrid, Alianza Editorial (1987)

SÁINZ-ROZAS, ALBA. *Vostell, fluxus y el punk*, en *Simposio "Happening, fluxus y otros comportamientos artísticos de la segunda mitad del siglo XX"*. Cáceres. Editora regional de Extremadura (2001)

V.V.A.A. *Historia del Rock*. Madrid. El País

Referencias fonográficas

STOCKHAUSEN, K., *Helikopter-quartett*. Arditti String Quartet. Montaigne Audivis France / MO 782097 (1999)